AF175821

Impressum
Verlag: BABADADA GmbH, Nedderfeld 112 , 22529 Hamburg
Geschäftsführer / Verlagsleitung: Harald Hof
Druck: Books on Demand GmbH, In de Tarpen 42, 22848 Norderstedt

Imprint
Publisher: BABADADA GmbH, Nedderfeld 112 , 22529 Hamburg, Germany
Managing Director / Publishing direction: Harald Hof
Print: Books on Demand GmbH, In de Tarpen 42, 22848 Norderstedt

la escuela

school

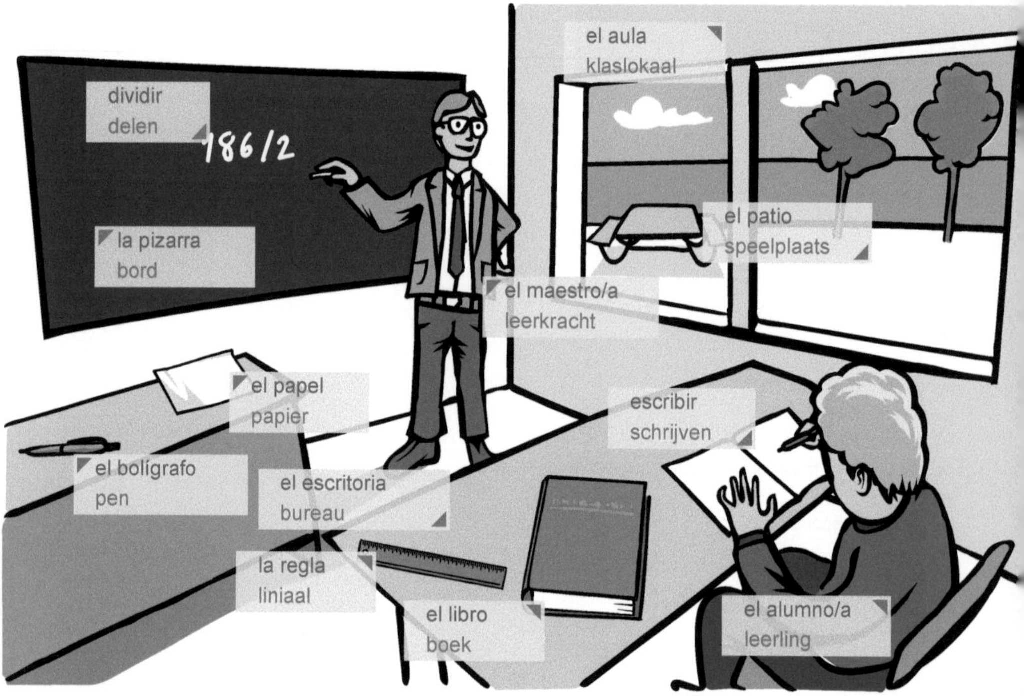
el aula
klaslokaal
dividir
delen
186/2
la pizarra
bord
el patio
speelplaats
el maestro/a
leerkracht
el papel
papier
escribir
schrijven
el bolígrafo
pen
el escritoria
bureau
la regla
liniaal
el libro
boek
el alumno/a
leerling

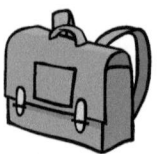

la cartera
schooltas

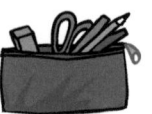

la caja de lápices
pennenzak

el lápiz
potlood

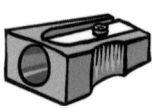

el sacapuntas
puntenslijper

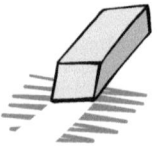

la goma de borrar
gom

el cuaderno de dibujo
tekenblok

el dibujo

tekening

el pincel

verfborstel

la caja de pinturas

verfdoos

las tijeras

schaar

el pegamento

lijm

el cuaderno de ejercicios

werkboek

los deberes

huiswerk

el número

nummer

sumar

optellen

restar

aftrekken

multiplicar

vermenigvuldigen

calcular

rekenen

la letra

letter

el alfabeto

alfabet

la palabra

woord

el texto

tekst

leer

Lezen

la tiza

krijt

la lección

les

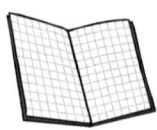

el cuaderno de notas

klassenboek

el examen

examen

el certificado

certificaat

el uniforme

schooluniform

la educación

onderwijs

la enciclopedia

encyclopedie

la universidad

universiteit

el microscopio

microscoop

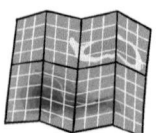

el mapa

kaart

la papelera

papiermand

el viaje
reis

el hotel
hotel
Grand
el albergue
jeugdherberg
ROOMS
oficina de cambio de divisas
sselkantoor
EXCHANGE
la maleta
koffer
el coche
auto

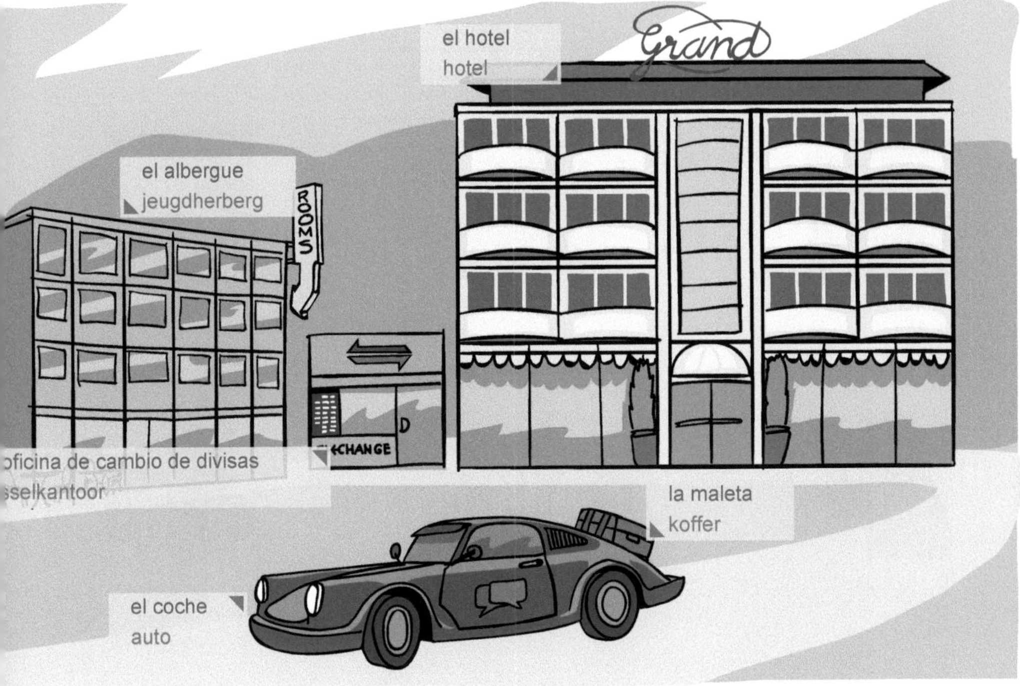

el idioma

Taal

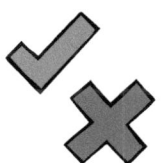

sí / no

ja / nee

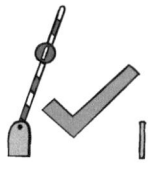

Vale

oké

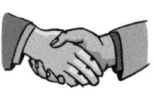

hola

hallo

el traductor

vertaler

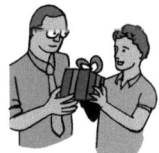

Gracias

bedankt

¿cuánto es...?

Hoeveel kost ...?

No entiendo

Ik begrijp het niet

el problema

probleem

¡Buenas tardes!

Goedenavond!

¡Buenos días!

Goedemorgen!

¡Buenas noches!

Goedenavond!

adiós

Tot ziens

la dirección

richting

el equipaje

bagage

la bolsa

zak

la mochila

rugzak

el invitado

gast

la habitación

kamer

el saco de dormir

slaapzak

la tienda de campaña

tent

la información turística

toeristeninformatie

la playa

strand

la tarjeta de crédito

kredietkaart

el desayuno

ontbijt

el almuerzo

lunch

la cena

avondeten

el billete

ticket

el ascensor

lift

el sello

postzegel

la frontera

grens

la aduana

douane

la embajada

ambassade

la visa

visum

el pasaporte

paspoort

el transporte

transport

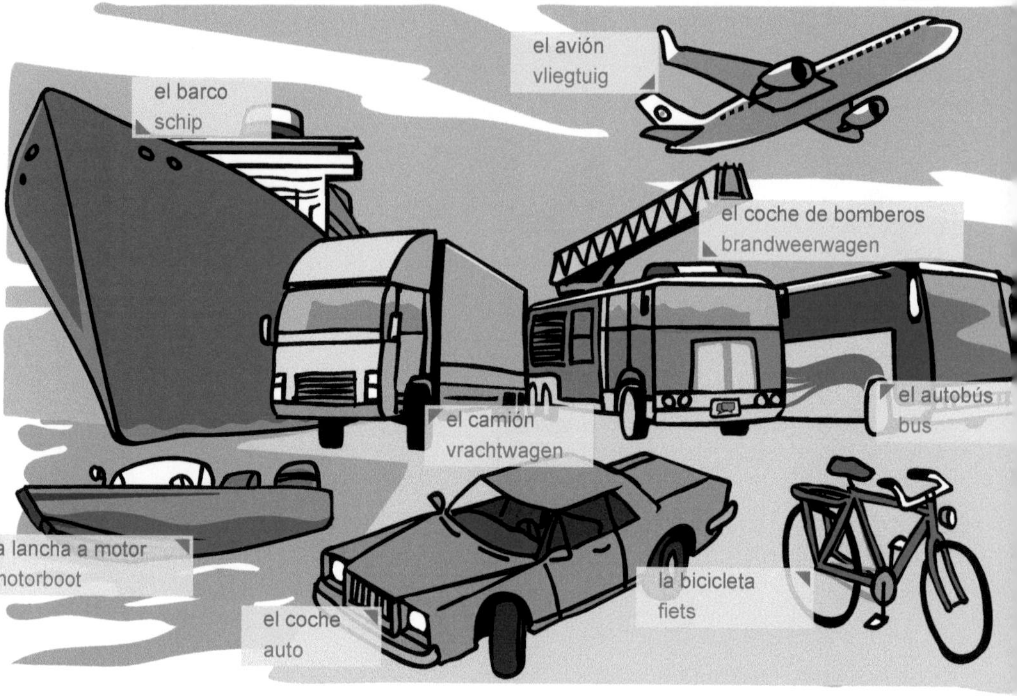
el avión
vliegtuig
el barco
schip
el coche de bomberos
brandweerwagen
el autobús
bus
el camión
vrachtwagen
la lancha a motor
motorboot
la bicicleta
fiets
el coche
auto

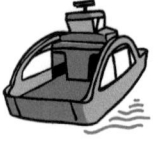

el transbordador

veerboot

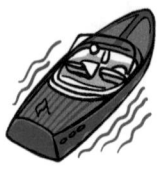

la barca

boot

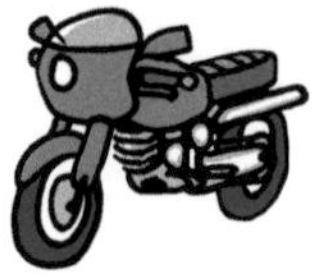

la moto

motor

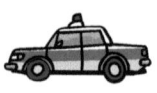

el coche de policía

politiewagen

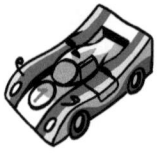

el coche de carreras

racewagen

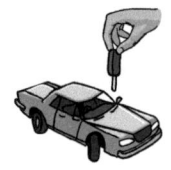

el coche de alquiler

huurauto

el préstamo de vehículos

carpoolen

la grúa

sleepwagen

el camión de la basura

vuilniswagen

el motor

motor

la gasolina

benzine

la gasolinera

benzinestation

la señal de tráfico

verkeersbord

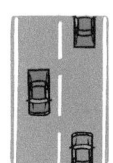

el tráfico

verkeer

el atasco

file

el aparcamiento

parkeerplaats

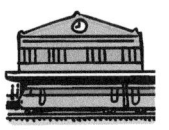

la estación de tren

station

las vías

sporen

el tren

trein

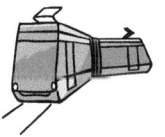

el tranvía

tram

el vagón

wagon

el helicóptero

helikopter

el aeropuerto

luchthaven

la torre

toren

el pasajero

passagier

el contenedor

container

la caja de cartón

karton

la carretilla

kar

la cesta

mand

despegar / aterrizar

opstijgen / landen

la ciudad
stad

el pueblo

dorp

el centro de la ciudad

stadscentrum

la casa

huis

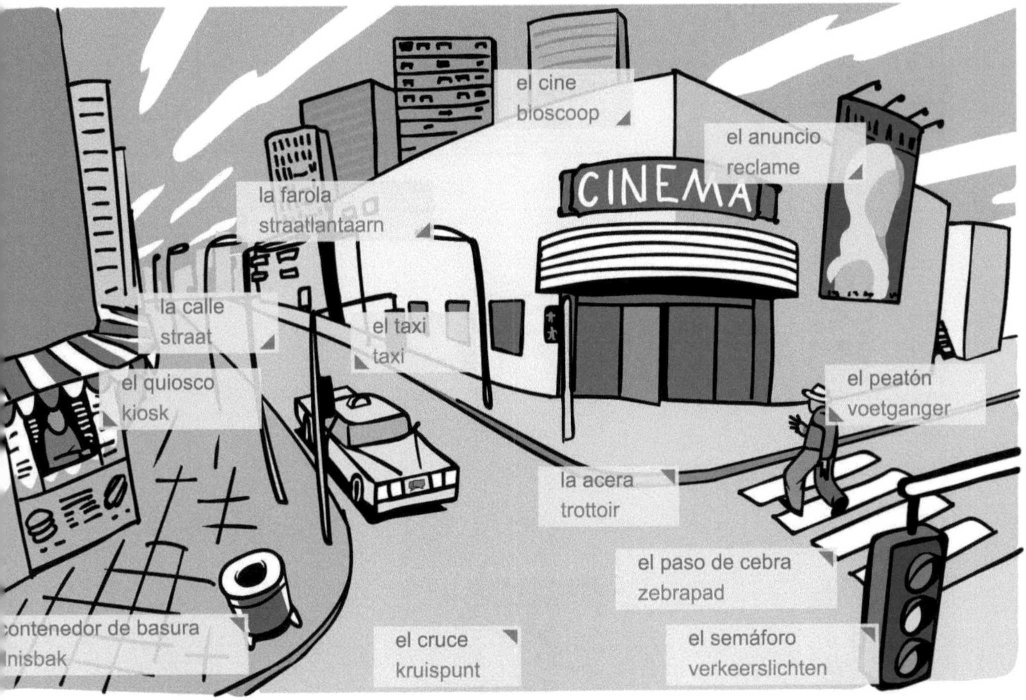

el cine
bioscoop

el anuncio
reclame

la farola
straatlantaarn

la calle
straat

el taxi
taxi

el quiosco
kiosk

el peatón
voetganger

la acera
trottoir

el paso de cebra
zebrapad

contenedor de basura
nisbak

el cruce
kruispunt

el semáforo
verkeerslichten

la cabaña
hut

el apartamento
woning

la estación de tren
station

el ayuntamiento
stadshuis

el museo
museum

la escuela
school

la universidad

universiteit

el banco

bank

el hospital

ziekenhuis

el hotel

hotel

la farmacia

apotheek

la oficina

kantoor

la librería

boekwinkel

la tienda de campaña

winkel

la floristería

bloemenwinkel

el supermercado

supermarkt

el mercado

markt

los grandes almacenes

warenhuis

la pescadería

vishandelaar

el centro comercial

winkelcentrum

el puerto

haven

el parque
park

el banco
bank

el puente
brug

las escaleras
trap

el metro
metro

el túnel
tunnel

la parada de autobús
bushalte

el bar
bar

el restaurante
restaurant

el buzón
brievenbus

el poste indicador
straatnaambord

el parquímetro
parkeermeter

el zoo
zoo

la piscina
zwembad

la mezquita
moskee

la granja

boerderij

la contaminación

milieuverontreiniging

el cementerio

kerkhof

la iglesia

kerk

el patio de juego

speelplaats

el templo

tempel

el paisaje
landschap

la hoja
blad

la señal
wegwijzer

el camino
weg

el prado
weide

la piedra
steen

el excursionista
wandelaar

el árbol
boom

el río
rivier

la hierba
gras

la flor
bloem

el valle
vallei

la colina
heuvel

el lago
meer

el bosque
bos

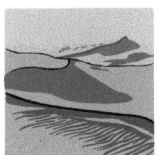

el desierto
woestijn

el volcán
vulkaan

el castillo
kasteel

el arcoíris
regenboog

el champiñón
paddenstoel

la palmera
palmboom

el mosquito
mug

la mosca
vlieg

la hormiga
mier

la abeja
bijl

la araña
spin

el paisaje - landschap

el escarabajo

kever

la rana

kikker

la ardilla

eekhoorn

el erizo

egel

la liebre

haas

la lechuza

uil

el pájaro

vogel

el cisne

zwaan

el jabalí

wild zwijn

el ciervo

hert

el alce

eland

la presa

dam

la turbina eólica

windturbine

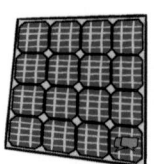

el panel solar

zonnepaneel

el clima

klimaat

el restaurante

restaurant

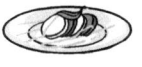

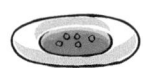

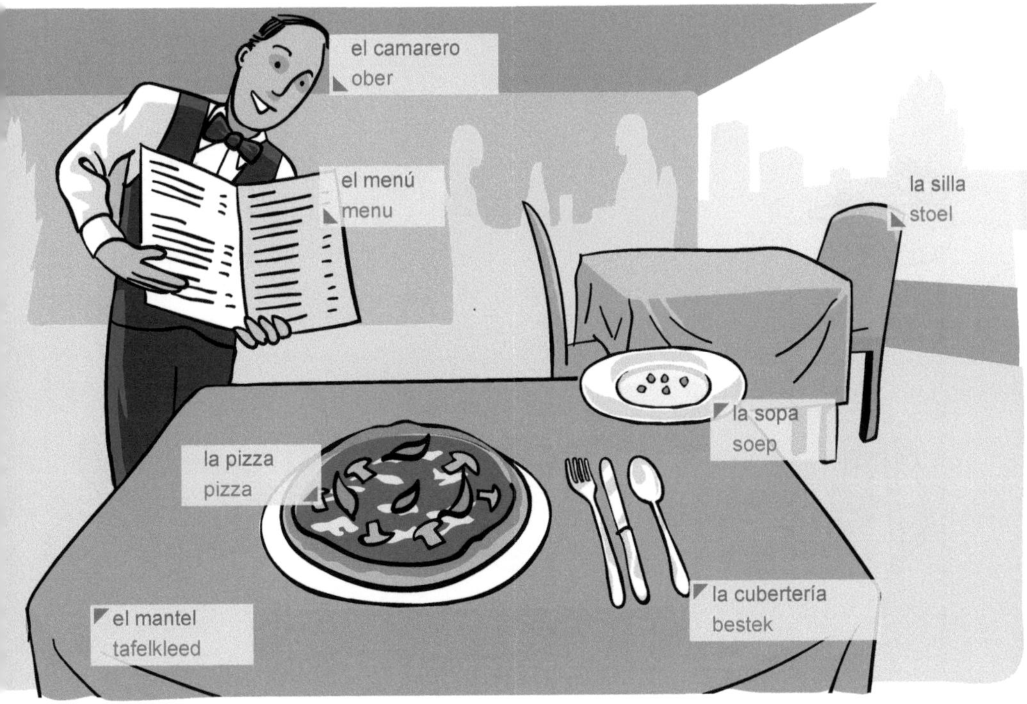
el camarero
ober
el menú
menu
la silla
stoel
la sopa
soep
la pizza
pizza
la cubertería
bestek
el mantel
tafelkleed

el primer plato

voorgerecht

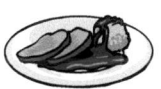

el plato principal

hoofdgerecht

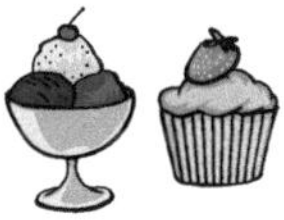

el postre

nagerecht

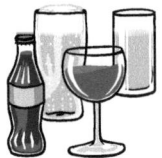

las bebidas

drankjes

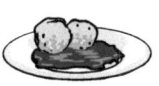

la comida

eten

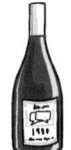

la botella

fles

la comida rápida

fastfood

la comida callejera

street food

la tetera

theepot

el azucarero

suikerpot

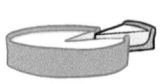

la porción

portie

la cafetera expreso

espressomachine

la trona

kinderstoel

la cuenta

rekening

la bandeja

dienblad

el cuchillo

mes

el tenedor

vork

la cuchara

lepel

la cucharilla

theelepel

la servilleta

serviette

el vaso

glas

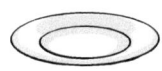

el plato

bord

el plato hondo

soepbord

el platillo

schoteltje

la salsa

saus

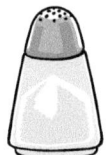

el salero

zoutvatje

el molinillo de pimienta

pepermolen

el vinagre

azijn

el aceite

olie

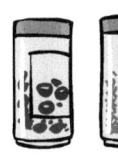

las especias

kruiden

el ketchup

ketchup

la mostaza

mosterd

la mayonesa

mayonaise

el supermercado
supermarkt

la oferta especial
aanbieding
FOR
el cliente
klant
los lácteos
zuivelproducten
la fruta
fruit
el carro de compra
winkelwagen

BUTCHERS

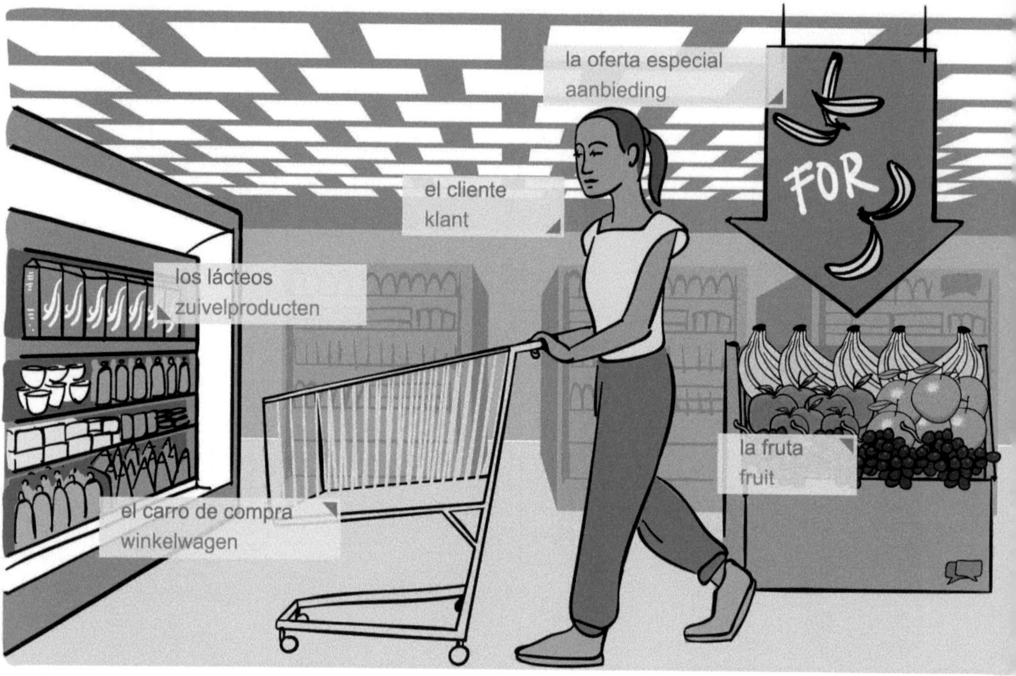

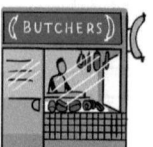

la carniceria

slagerij

BAKERY

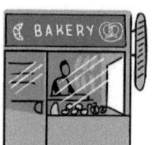

la panadería

bakkerij

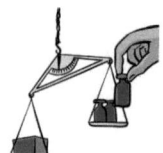

pesar

wegen

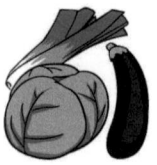

las verduras

groenten

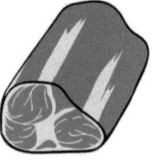

la carne

vlees

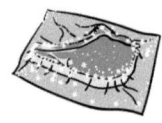

los alimentos congelados

diepvriesvoedsel

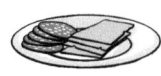

los fiambres
charcuterie

las conservas
conserven

el detergente en polvo
waspoeder

los dulces
snoep

productos de uso doméstico
huishoudproducten

productos de limpieza
schoonmaakproducten

la vendedora
verkoopster

la caja de cartón
kassa

el cajero
kassier

la lista de la compra
boodschappenlijstje

el horario de atención al público
openingstijden

la cartera
portefeuille

la tarjeta de crédito
kredietkaart

la bolsa de plástico
tas

la bolsa de plástico
plastieken zakje

el agua

water

el zumo

sap

la leche

melk

la cola

cola

el vino

wijn

la cerveza

bier

el alcohol

alcohol

el cacao

cacao

el té

thee

el café

koffie

el expreso

espresso

el capuchino

cappuccino

el plátano

banaan

la manzana

appel

la naranja

sinaasappel

el melón

meloen

el limón

citroen

la zanahoria

wortel

el ajo

knoflook

el bambú

bamboe

la cebolla

ajuin

el champiñón

champignon

las avellanas

noten

los fideos

noodles

las espagueti

spaghetti

el arroz

rijst

la ensalada

salade

las patatas fritas

frieten

las patatas fritas

gebakken aardappelen

la pizza

pizza

la hamburguesa

hamburger

el sándwich

sandwich

el filete

kalfslapje

el jamón

ham

le salami

salami

la salchicha

worst

el pollo

kip

el asado

braden

el pescado

vis

la comida - eten

los copos de avena

havervlokken

el muesli

muesli

los copos de maíz

cornflakes

la harina

bloem

el cruasán

croissant

el panecillo

pistolet

el pan

brood

la tostada

toast

las galletas

koekjes

la mantequilla

boter

la cuajada

kwark

el pastel

taart

el huevo

ei

el huevo frito

spiegelei

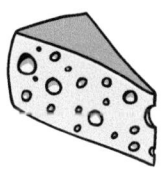

el queso

kaas

el helado

ijs

el azúcar

suiker

la miel

honing

la mermelada

confituur

la crema de turrón

choco

el curry

curry

la granja
boerderij

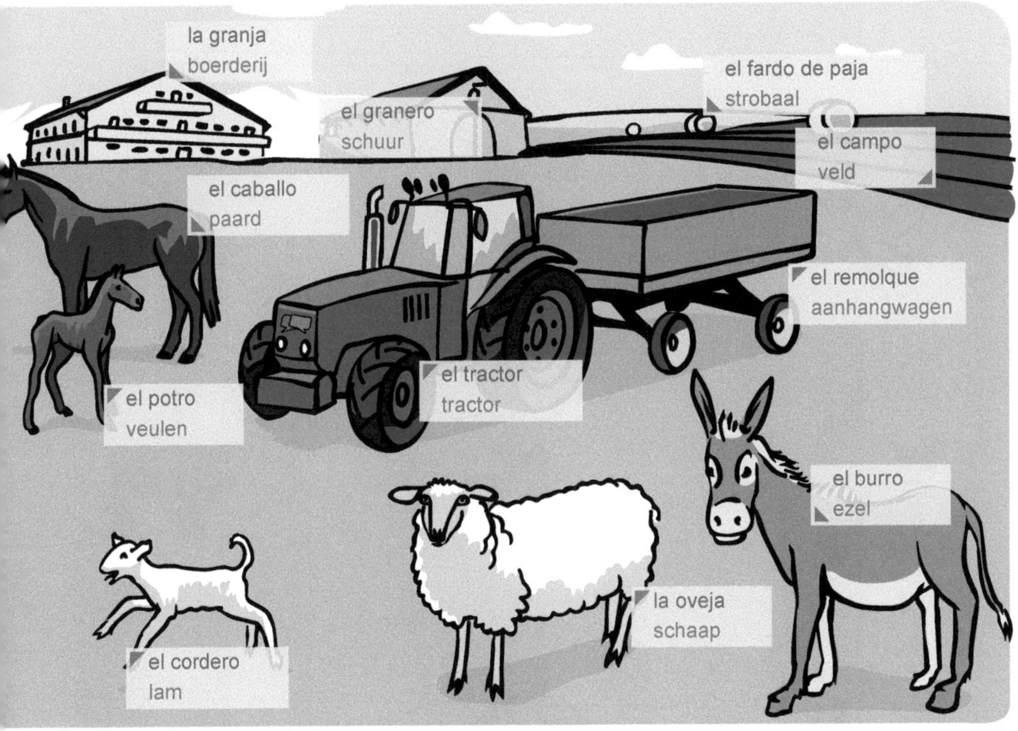

la granja
boerderij
el granero
schuur
el fardo de paja
strobaal
el campo
veld
el caballo
paard
el remolque
aanhangwagen
el tractor
tractor
el potro
veulen
el burro
ezel
la oveja
schaap
el cordero
lam

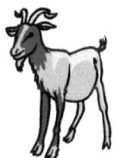

la cabra
geit

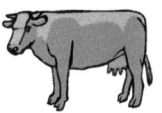

la vaca
koe

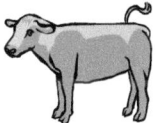

el ternero
kalf

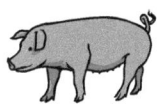

el cerdo
varken

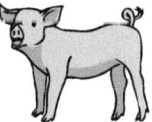

el cerdito
biggetje

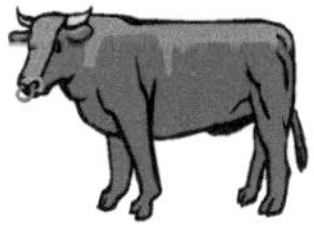

el toro
stier

el ganso
gans

el pato
eend

el pollo
kuiken

la gallina
kip

el gallo
haan

la rata
rat

el gato
kat

el ratón
muis

el buey
os

el perro
hond

la perrera
hondenhok

la manguera
tuinslang

la regadera
gieter

la guadaña
zeis

el arado
ploeg

la hoz
sikkel

la azada
schoffel

la horca
hooivork

el hacha
bijl

la carretilla
kruiwagen

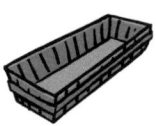

el abrevadero
trog

la lechera
melkkan

el saco
zak

la valla
hek

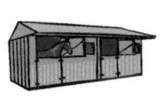

el establo
stal

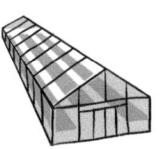

el invernadero
broeikas

el suelo
bodem

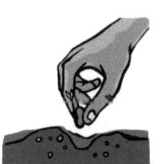

la semilla
zaad

el fertilizador
mest

la cosechadora
maaidorser

cosechar

oogsten

la cosecha

oogst

el ñame

yam

el trigo

tarwe

el soja

soja

la patata

aardappel

el maíz

maïs

la semilla de colza

koolzaad

el árbol frutal

fruitboom

la mandioca

maniok

las cereales

graan

la casa
huis

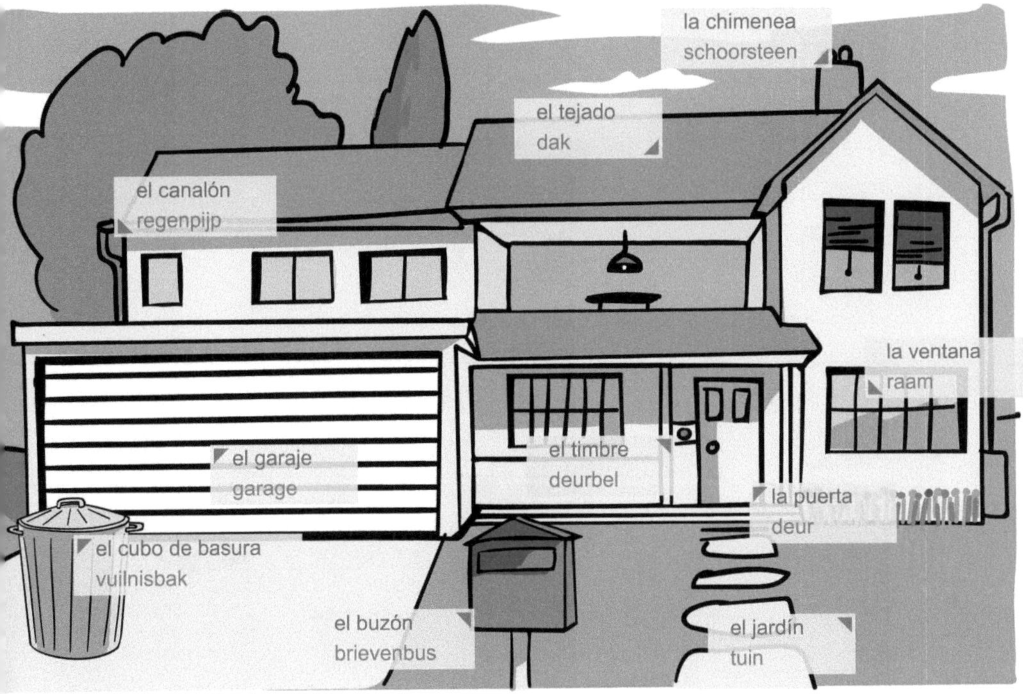

la chimenea
schoorsteen
el tejado
dak
el canalón
regenpijp
la ventana
raam
el timbre
deurbel
el garaje
garage
la puerta
deur
el cubo de basura
vuilnisbak
el buzón
brievenbus
el jardín
tuin

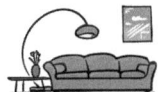

la sala
woonkamer

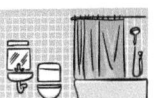

el cuarto de baño
badkamer

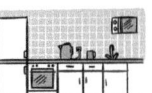

la cocina
keuken

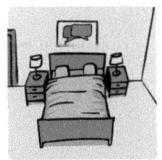

el dormitorio
slaapkamer

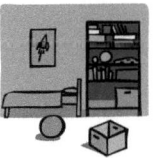

la habitación de los niños
kinderkamer

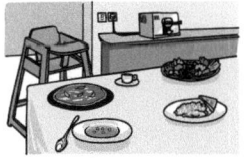

el comedor
eetkamer

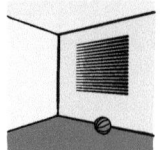

el suelo

vloer

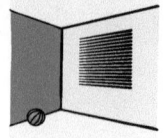

la pared

muur

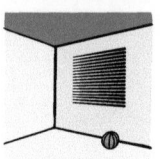

el techo

plafond

el sótano

kelder

la sauna

sauna

el balcón

balkon

la terraza

terras

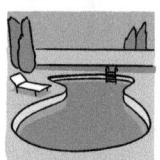

la piscina

zwembad

el cortacésped

grasmaaier

la sábana

dekbedovertrek

la colcha

dekbed

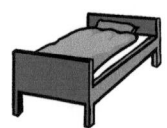

la cama

bed

la escoba

bezem

el balde

emmer

el interruptor

schakelaar

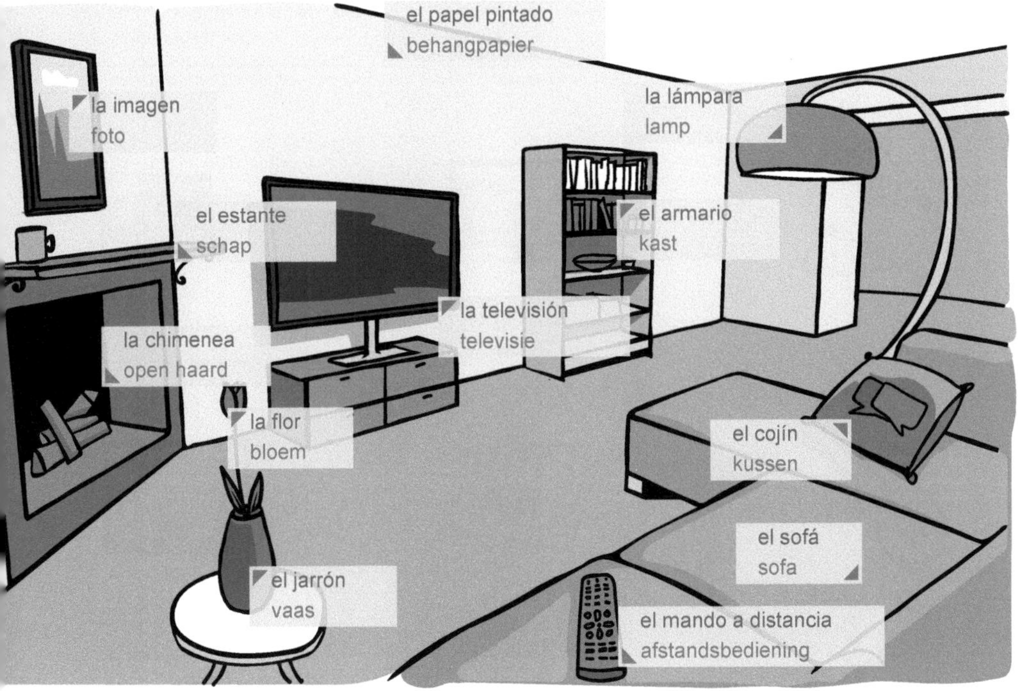

el papel pintado
behangpapier

la imagen
foto

la lámpara
lamp

el estante
schap

el armario
kast

la chimenea
open haard

la televisión
televisie

la flor
bloem

el cojín
kussen

el sofá
sofa

el jarrón
vaas

el mando a distancia
afstandsbediening

la alfombra

mat

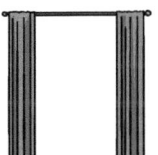

la cortina

gordijn

la mesa

tafel

la silla

stoel

el mecedora

schommelstoel

la butaca

fauteuil

el libro

boek

la manta

deken

la decoración

decoratie

la leña

brandhout

la película

film

el equipo de música

stereo-installatie

la llave

sleutel

el periódico

krant

la pintura

schilderij

el póster

poster

la radio

radio

el cuaderno

notitieboekje

la aspiradora

stofzuiger

el cactus

cactus

la vela

kaars

la cocina
keuken

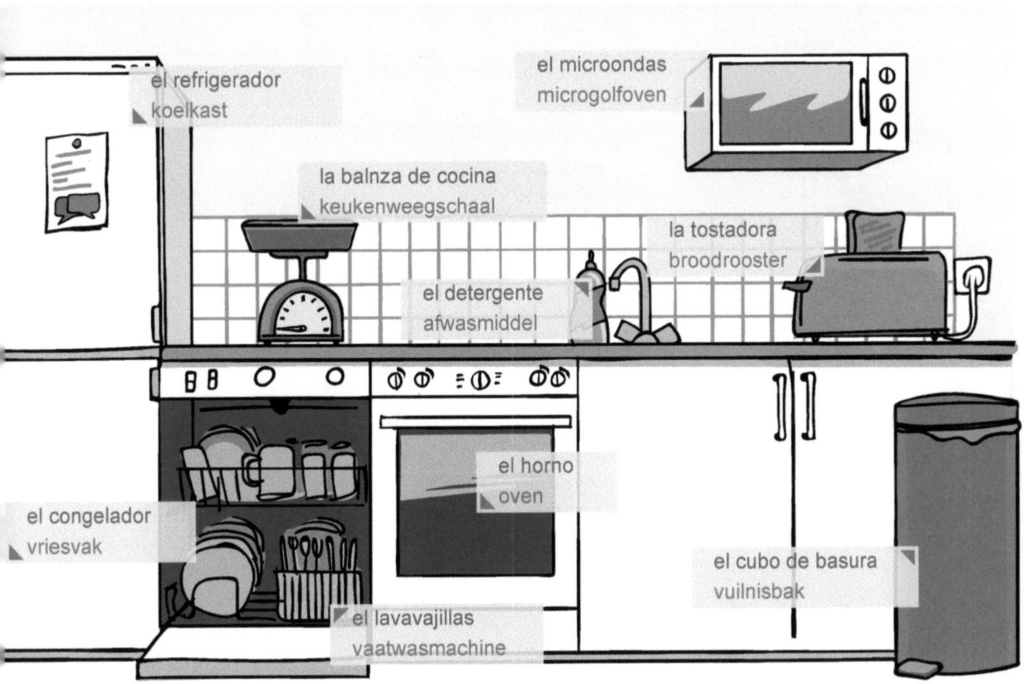
el refrigerador
koelkast
el microondas
microgolfoven
la balnza de cocina
keukenweegschaal
la tostadora
broodrooster
el detergente
afwasmiddel
el horno
oven
el congelador
vriesvak
el cubo de basura
vuilnisbak
el lavavajillas
vaatwasmachine

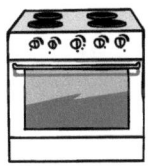

la olla a presión
fornuis

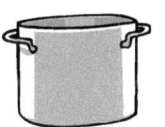

la olla
pot

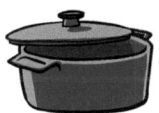

la olla de hierro fundido
gietijzeren pot

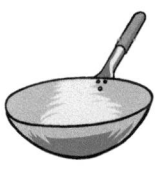

el wok
wok / kadai

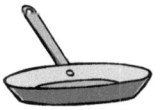

la cazuela
pan

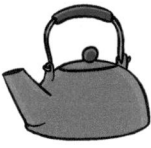

el hervidor
waterkoker

la vaporera

stoomkoker

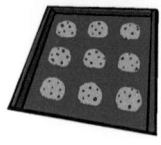

la chapa de horno

bakplaat

la vajilla

servies

la taza

mok

el tazón

kom

los palillos

eetstokjes

el cucharón

pollepel

la espumadera

spatel

el batidor

garde

el colador

vergiet

el cedazo

zeef

el rallador

rasp

el mortero

mortier

la barbacoa

barbecue

la hoguera

haardvuur

la tabla de picar

snijplank

el rodillo

deegrol

el sacacorchos

kurkentrekker

la lata

blik

el abrelatas

blikopener

el agarrador

pannenlap

el lavabo

gootsteen

el cepillo

borstel

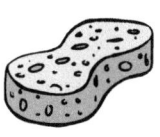

la esponja

spons

la batidora

blender

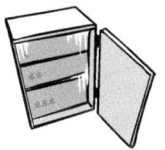

el congelador

vriezer

el biberón

papfles

el grifo

kraan

el cuarto de baño

badkamer

la ducha
douche

la calefacción
verwarming

la toalla
handdoek

la cortina de la ducha
douchegordijn

el baño de espuma
bubbelbad

la bañera
badkuip

el vaso
glas

la lavadora
wasmachine

las baldosas
tegels

el grifo
kraan

el orinal
kinderpo

el lavabo
gootsteen

el inodoro

toilet

el inodoro rústico

hurktoilet

el bidé

bidet

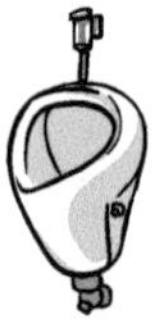

el urinario

urinoir

el papel higiénico

toiletpapier

la escobilla del váter

toiletborstel

el cepillo de dientes

tandenborstel

la pasta de dientes

tandpasta

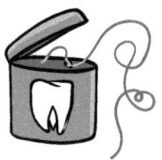

el hilo dental

flosdraad

lavar

wassen

la ducha de mano

handdouche

la ducha íntima

bidethanddouche

la pila

waskom

el cepillo de espalda

rugborstel

el jabón

zeep

el gel de ducha

douchegel

el champú

shampoo

la toallita

washandje

el desagüe

afvoer

la crema

crème

el desodorante

deodorant

el espejo

spiegel

el espejo de tocador

handspiegel

la maquinilla de afeitar

scheermes

la espuma de afeitar

scheerschuim

la loción postafeitado

aftershave

el peine

kam

el cepillo

borstel

el secador

haardroger

la laca

haarlak

el maquillaje

make-up

el pintalabios

lippenstift

el pintauñas

nagellak

el algodón

watten

el cortauñas

nagelknipper

el perfume

parfum

el estuche de viaje

toilettas

la banqueta

kruk

la balanza

weegschaal

el albornoz

badjas

los guantes de goma

latex handschoenen

el tampón

tampon

la compresa

maandverband

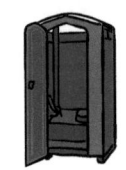

el inodoro químico

chemisch toilet

la habitación de los niños

kinderkamer

el despertador
wekker
el peluche
knuffel
el coche de juguete
speelgoedauto
el sonajero
rammelaar
la casa de muñecas
poppenhuis
el regalo
geschenk

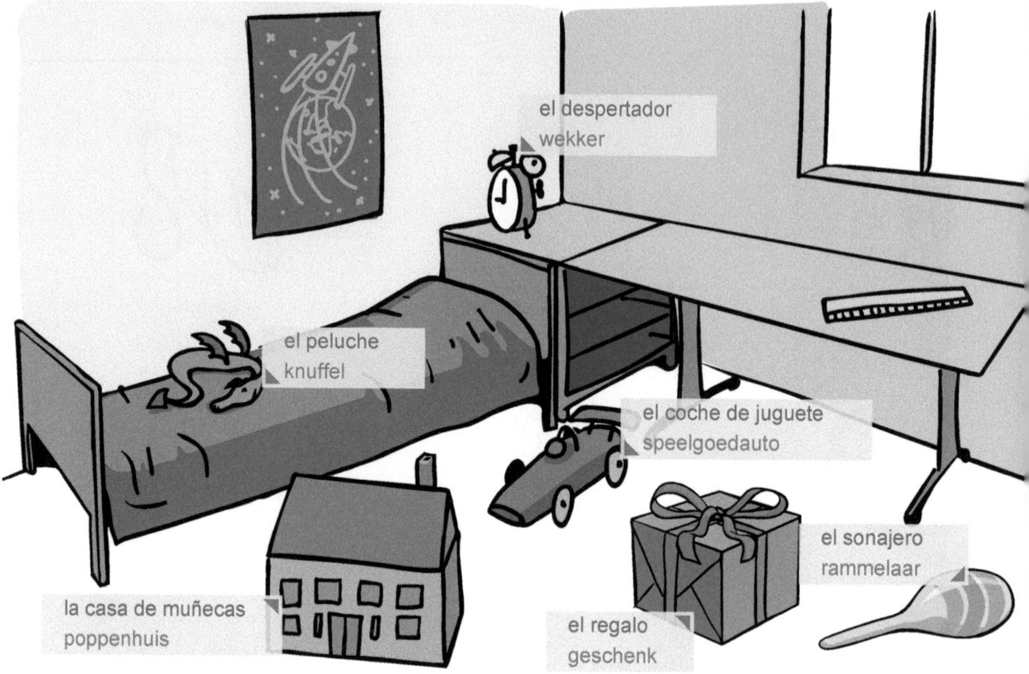

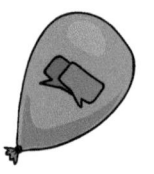

el globo
ballon

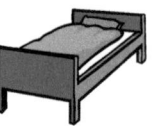

la cama
bed

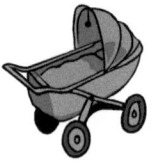

el coche de niño
kinderwagen

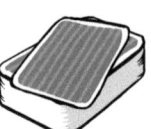

los naipes
spel kaarten

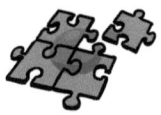

el puzle
puzzel

el tebeo
stripboek

las piezas de lego

legoblokjes

los bloques de juguete

blokken

la figura de acción

actiefiguur

el bodi (de bebé)

kruippakje

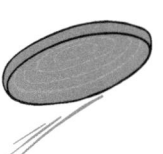

el frisbee

frisbee

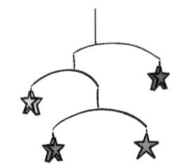

el colgador móvil para bebés

mobiel

el juego de mesa

bordspel

los dados

dobbelsteen

el circuito de tren eléctrico

modelspoorweg

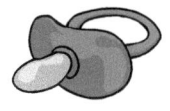

el maniquí

fopspeen

la fiesta

feest

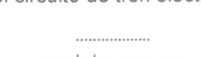

el álbum de fotos

prentenboek

la pelota

bal

la muñeca

pop

jugar

spelen

el cajón de arena

zandbak

el columpio

schommel

los juguetes

speelgoed

la videoconsola

spelconsole

el triciclo

driewieler

el oso de peluche

knuffelbeer

la guardarropa

kleerkast

la ropa
kleding

los calcetines

sokken

las medias

kousen

los leotardos

maillot

la bufanda
sjaal

el paraguas
paraplu

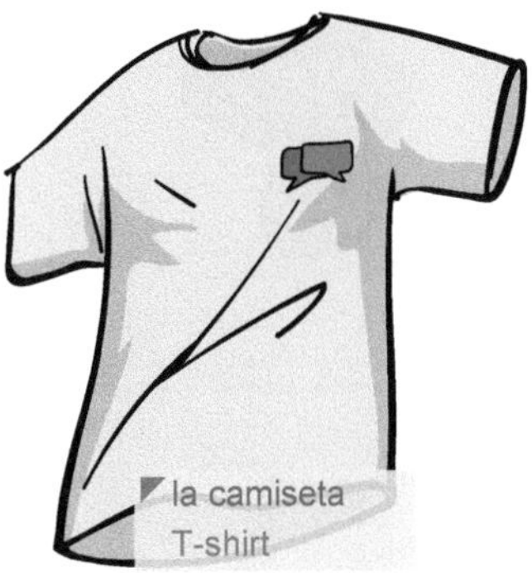

la camiseta
T-shirt

el cinturón
riem

las botas
laarzen

las zapatillas
slippers

las deportivas
sneakers

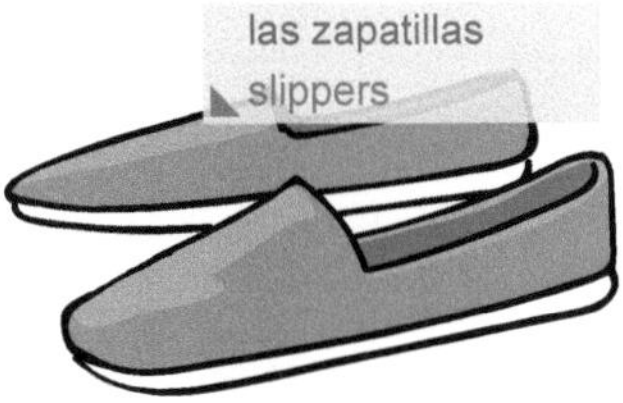

las sandalias
sandalen

los zapatos
schoenen

las botas de goma
rubberlaarzen

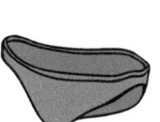
el slip
onderbroek

el sostén
beha

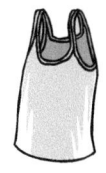
el chaleco
onderhemd

el bodi

lichaam

los pantalones cortos

broek

los vaqueros

jeans

la falda

rok

la blusa

blouse

la camisa

hemd

el jersey

trui

el suéter

capuchontrui

el blazer

blazer

la chaqueta

jas

el abrigo

jas

la gabardina

regenjas

el traje

kostuum

el vestido

jurk

el vestido de novia

trouwjurk

la ropa - kleding

el traje

pak

el camisón

nachthemd

el pijama

pyjama

el sati

sari

el bandana

hoofddoek

el turbante

tulband

la burka

boerka

el caftán

kaftan

la abaya

abaya

el traje de baño

badpak

el bañador

zwembroek

los pantalones cortos

short

el chándal

trainingspak

el delantal

schort

los guantes

handschoenen

el botón
knoop

las gafas
bril

el brazalete
armband

el collar
ketting

el anillo
ring

el pendiente
oorbel

la gorra
pet

la percha
kapstok

el sombrero
hoed

la corbata
das

la cremallera
rits

el casco
helm

los tirantes
bretellen

el uniforme
schooluniform

el uniforme
uniform

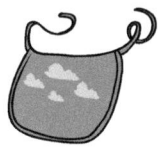

el babero

slabbetje

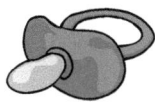

el maniquí

fopspeen

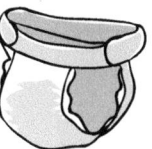

el pañal

luier

la oficina
kantoor

el servidor
server
el archivo
dossierkast
la impresora
printer
el papel
papier
el monitor
monitor
el ratón
muis
el escritoria
bureau
la carpeta
map
el teclado
toestenbord
la papelera
papiermand
el ordenador
computer
la silla
stoel

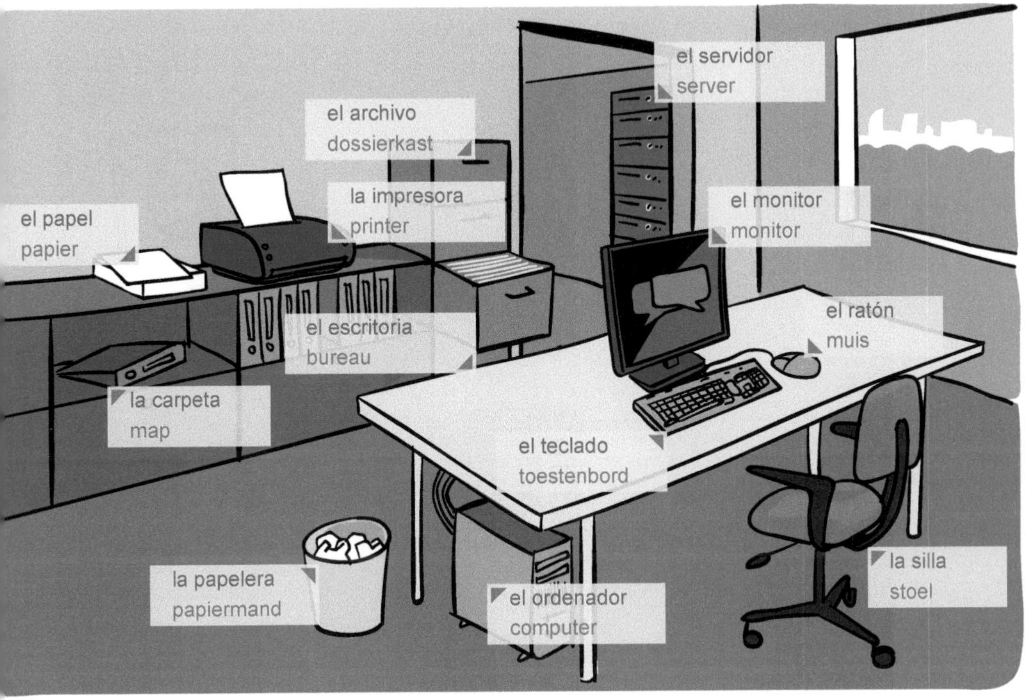

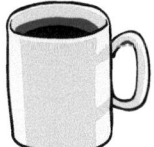

la taza de café

koffiemok

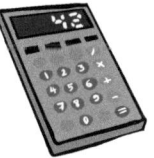

la calculadora

rekenmachine

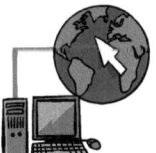

el internet

internet

el portátil
laptop

la carta
brief

el mensaje
bericht

el móvil
gsm

la red
netwerk

la fotocopiadora
kopieerapparaat

el software
software

el teléfono
telefoon

la toma de corriente
stopcontact

el fax
fax

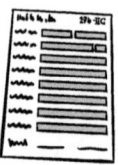

el formulario
formulier

el documento
document

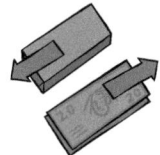

comprar

kopen

pagar

betalen

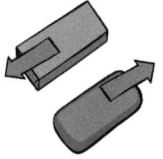

comerciar

handelen

el dinero

geld

el dólar

dollar

el euro

euro

el yen

yen

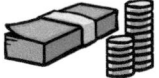

el rublo

roebel

el franco suizo

Zwitserse frank

el renminbi yuan

Chinese renminbi

la rupia

roepie

el cajero automático

geldautomaat

la oficina de cambio de divisas
wisselkantoor

el oro
goud

la plata
zilver

el petróleo
olie

la energía
energie

el precio
prijs

el contrato
contract

el impuesto
belasting

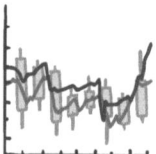

la acción
aandeel

trabajar
werken

el empleador
werknemer

el empleador
werkgever

la fábrica
fabriek

la tienda de campaña
winkel

los oficios
beroepen

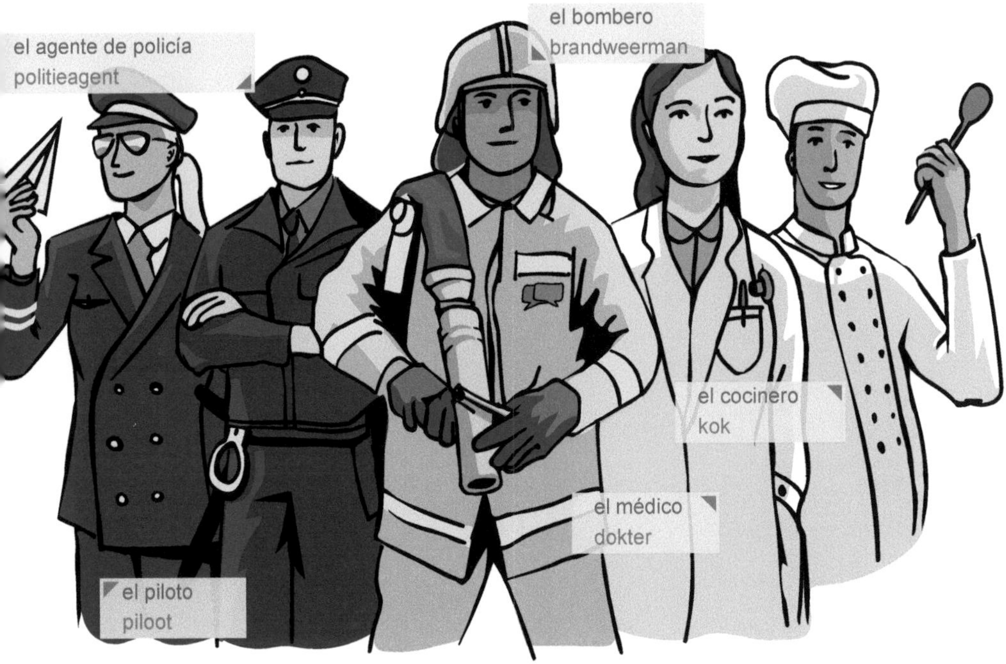
el agente de policía
politieagent
el bombero
brandweerman
el cocinero
kok
el médico
dokter
el piloto
piloot

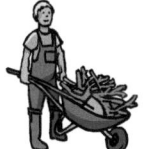

el jardinero

tuinman

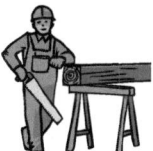

el carpintero

timmerman

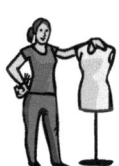

la costurera

naaister

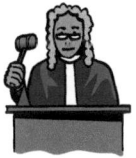

el juez

rechter

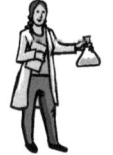

el farmacéutico

chemicus

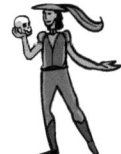

el actor

acteur

el conductor de autobús

buschauffeur

el taxista

taxichauffeur

el pescador

visser

la señora de la limpieza

schoonmaakster

el techador

dakdekker

el camarero

ober

el cazador

jager

el pintor

schilder

el panadero

bakker

el electricista

elektricien

el obrero

bouwvakker

el ingeniero

ingenieur

el carnicero

slager

el fontanero

loodgieter

el cartero

postbode

el soldado

soldaat

el arquitecto

architect

el cajero

kassier

el florista

bloemist

el peluquero

kapper

el revisor

conducteur

el mecánico

mecanicien

el capitán

kapitein

el dentista

tandarts

el científico

wetenschapper

el rabino

rabbijn

el imán

imam

el monje

monnik

el sacerdote

geestelijke

las herramientas
werktuigen

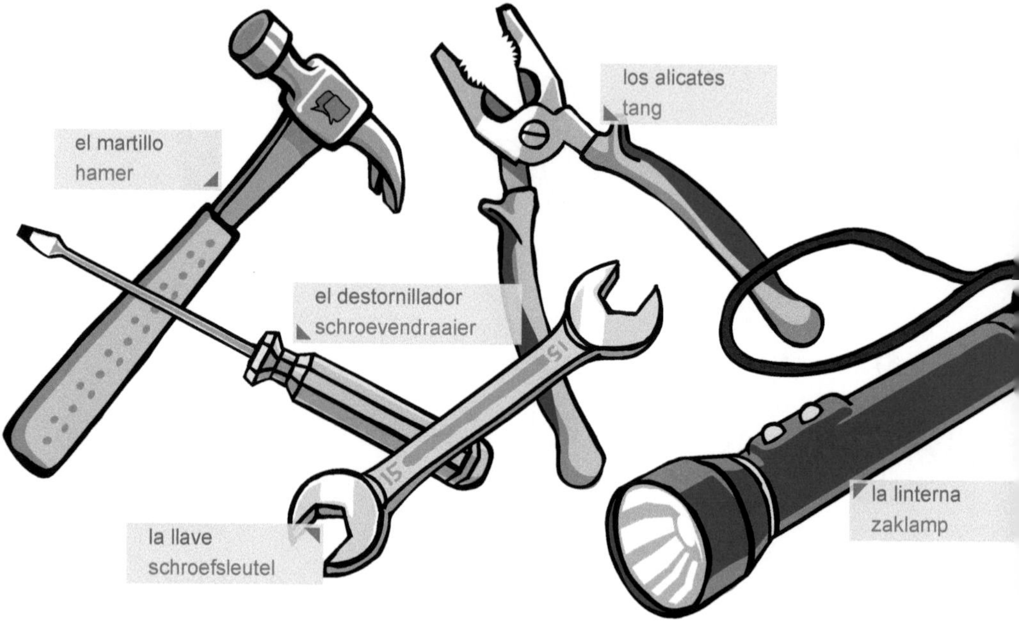
el martillo
hamer
los alicates
tang
el destornillador
schroevendraaier
la llave
schroefsleutel
la linterna
zaklamp

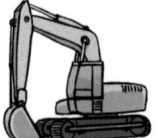

la excavadora

graafmachine

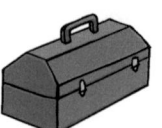

la caja de herramientas

gereedschapskoffer

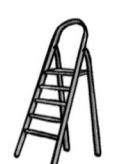

la escalera de mano

ladder

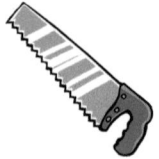

la sierra

zaag

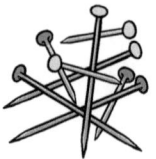

los clavos

spijkers

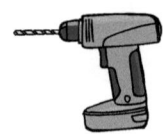

el taladro

boormachine

reparar
repareren

la pala
schop

¡Maldita sea!
Verdomme!

el recogedor
blik

el bote de pintura
verfpot

los tornillos
schroeven

los instrumentos musicales
muziekinstrumenten

la batería
drumstel

el altavoz
luidspreker

la guitarra
gitaar

el contrabajo
contrabas

la trompeta
trompet

el piano

piano

el violín

viool

bajo

basgitaar

los timbales

pauk

el tambor

trommels

el teclado

keyboard

el saxofón

saxofoon

la flauta

fluit

el micrófono

microfoon

el zoo

zoo

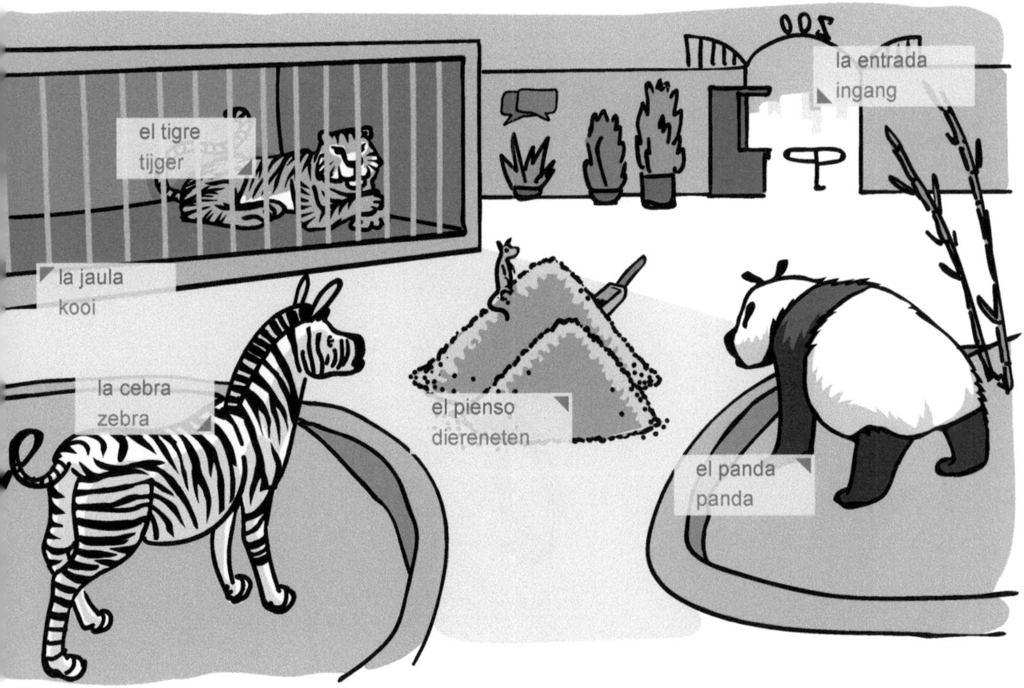

la entrada
ingang
el tigre
tijger
la jaula
kooi
la cebra
zebra
el pienso
diereneten
el panda
panda

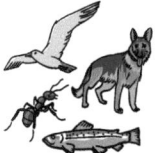

los animales

dieren

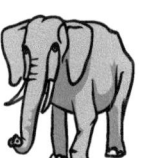

el elefante

olifant

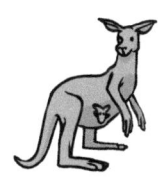

el canguro

kangoeroe

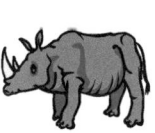

el rinoceronte

neushoorn

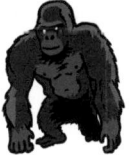

el gorila

gorilla

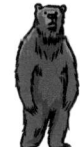

el oso

beer

el camello

kameel

el avestruz

struisvogel

el león

leeuw

el mono

aap

el flamingo

flamingo

el loro

papegaai

el oso polar

ijsbeer

el pingüino

pinguïn

el tiburón

haai

el pavo real

pauw

la serpiente

slang

el cocodrilo

krokodil

el guardián de zoológico

dierenverzorger

la foca

zeehond

el jaguar

jaguar

el poni

pony

el leopardo

luipaard

el hipopótamo

nijlpaard

la jirafa

giraffe

el águila

adelaar

el jabalí

wild zwijn

el pescado

vis

la tortuga

zeeschildpad

la morsa

walrus

el zorro

vos

la gacela

gazelle

el zoo - zoo

el fútbol americano
rugby

el ciclismo
wielrennen

el tenis
tennis

el baloncesto
basketbal

la natación
zwemmen

el boxeo
boksen

el hockey sobre hielo
ijshockey

el fútbol
voetbal

el bádminton
badminton

el atletismo
atletiek

el balonmano
handbal

el esquí
skiën

el polo
polo

las actividades
activiteiten

reír
lachen
saltar
springen
abrazar
knuffelen
caminar
wandelen
cantar
zingen
soñar
dromen
rezar
bidden
besar
kussen

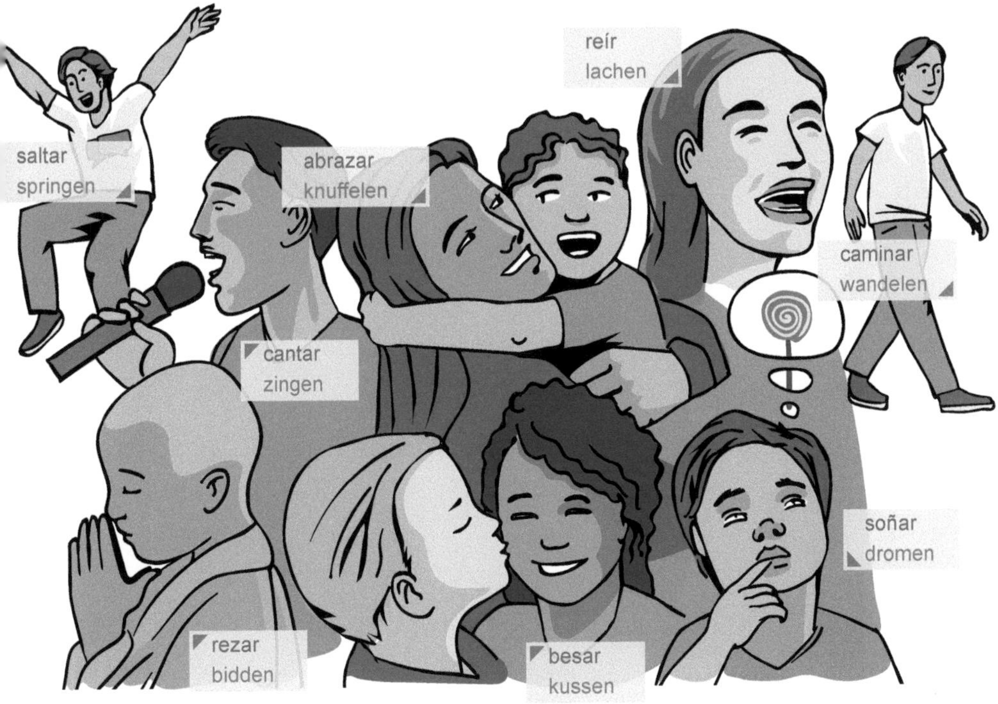

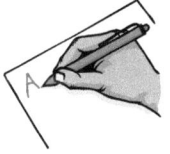

escribir

schrijven

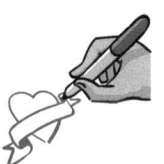

dibujar

tekenen

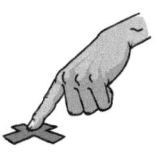

mostrar

tonen

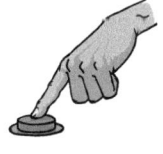

empujar

duwen

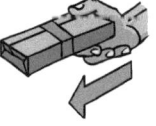

dar

geven

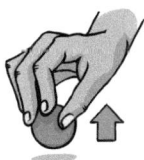

tomar

nemen

tener

hebben

hacer

doen

ser

zijn

estar de pie

staan

correr

lopen

tirar

trekken

tirar

gooien

caer

vallen

yacer

liggen

esperar

wachten

llevar

dragen

estar sentado

zitten

vestirse

aankleden

dormir

slapen

despertar

ontwaken

mirar

kijken naar

llorar

wenen

acariciar

aaien

peinar

kammen

hablar

praten

entender

begrijpen

preguntar

vragen

escuchar

luisteren

beber

drinken

comer

eten

ordenar

opruimen

amar

houden van

cocinar

koken

conducir

rijden

volar

vliegen

navegar

zeilen

calcular

rekenen

leer

Lezen

aprender

leren

trabajar

werken

casarse

trouwen

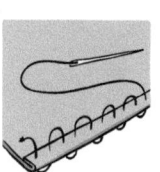

coser

naaien

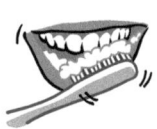

cepillarse los dientes

tandenpoetsen

matar

doden

fumar

roken

enviar

sturen

la abuela
grootmoeder

el abuelo
grootvader

el padre
vader

la madre
moeder

el bebé
baby

la hija
dochter

el hijo
zoon

el invitado

gast

la tía

tante

el tío

oom

el hermano

broer

la hermana

zus

la familia - familie

el cuerpo
lichaam

la frente
voorhoofd
el ojo
oog
el hombro
schouder
el dedo
vinger
la cara
gezicht
la barbilla
kin
la mano
hand
el pecho
borst
la pierna
been
el brazo
arm

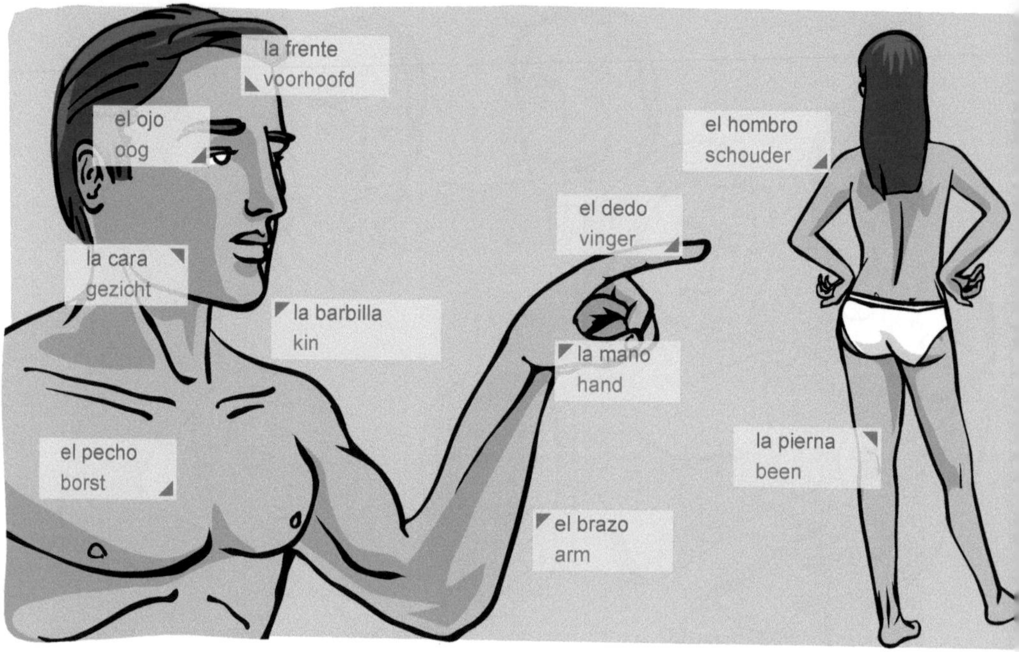

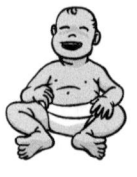

el bebé

baby

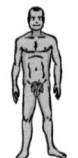

el hombre

man

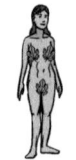

la mujer

vrouw

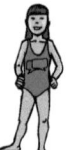

la chica

meisje

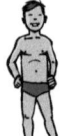

el chico

jongen

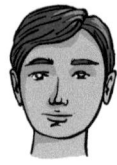

la cabeza

hoofd

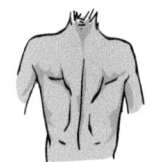

la espalda
rug

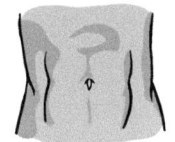

el vientre
buik

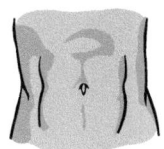

el ombligo
navel

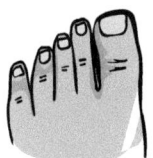

el dedo del pie
teen

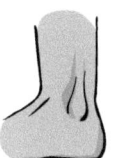

el talón
hiel

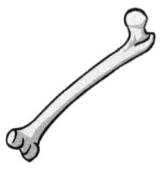

el hueso
bot

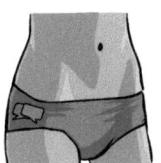

la cadera
heup

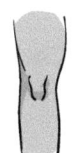

la rodilla
knie

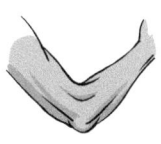

el codo
elleboog

la nariz
neus

el trasero
zitvlak

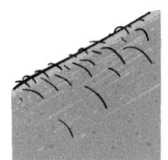

la piel
huid

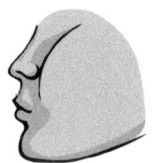

la mejilla
wang

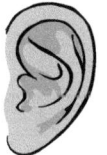

el oído
oor

el labio
lip

la boca

mond

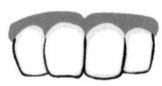

el diente

tand

la lengua

tong

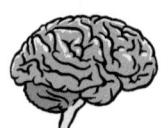

el cerebro

hersenen

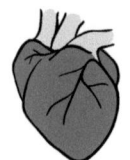

el corazón

hart

el músculo

spier

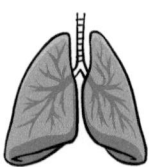

el pulmón

long

el hígado

lever

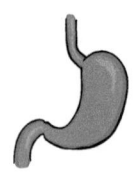

el estómago

maag

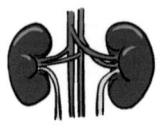

los riñones

nieren

el sexo

seks

el condón

condoom

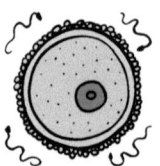

el ovario

eicel

el semen

sperma

el embarazo

zwangerschap

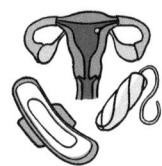

la menstruación

menstruatie

la vagina

vagina

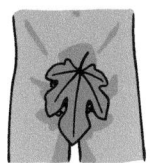

el pene

penis

la ceja

wenkbrauw

el pelo

haar

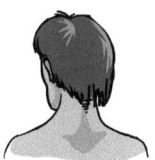

el cuello

nek

el hospital
ziekenhuis

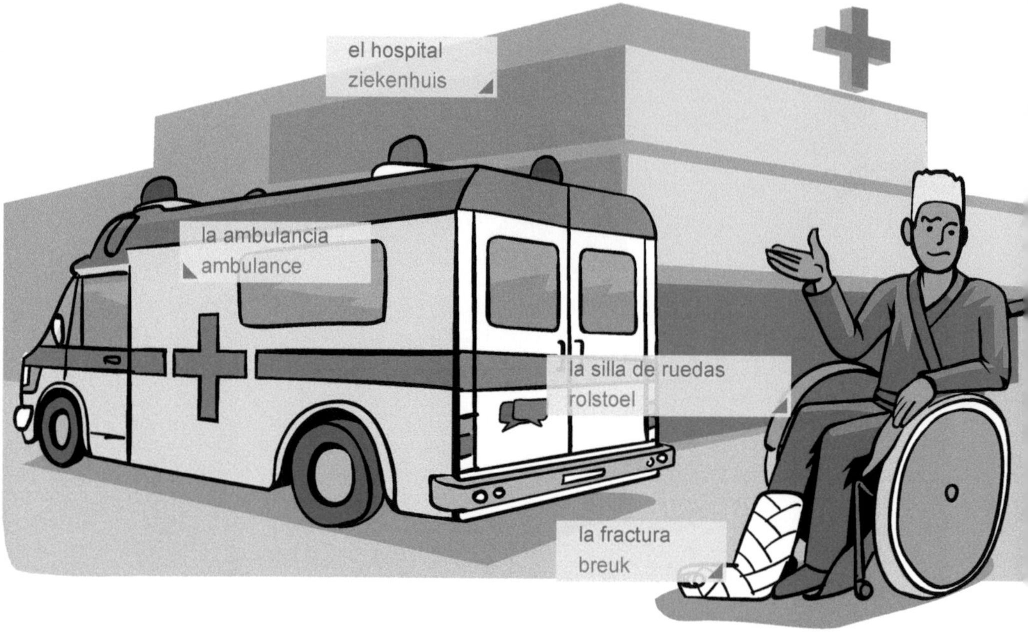

el hospital
ziekenhuis
la ambulancia
ambulance
la silla de ruedas
rolstoel
la fractura
breuk

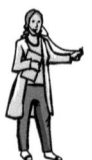

el médico
dokter

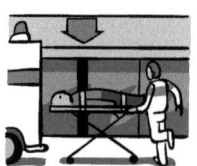

la sala de urgencias
spoed

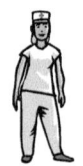

la enfermera
verpleegkundige

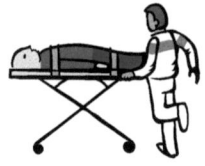

la urgencia
noodgeval

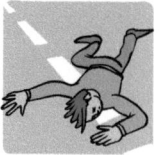

inconsciente
bewusteloos

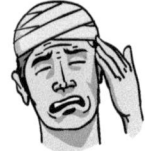

el dolor
pijn

la lesión

verwonding

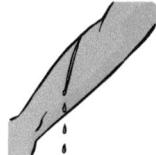

la hemorragia

bloeding

el infarto

hartaanval

el ictus

beroerte

la alergia

allergie

la tos

hoest

la fiebre

koorts

la gripe

griep

la diarrea

diarree

el dolor de cabeza

hoofdpijn

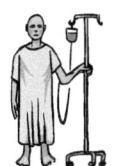

el cáncer

kanker

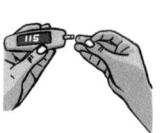

la diabetes

diabetes

el cirujano

chirurg

el bisturí

scalpel

la operación

operatie

TAC
CT

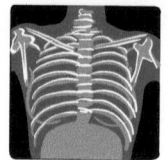

los rayos x
röntgenstraal

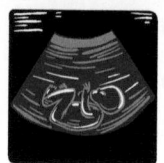

el ultrasonido
ultrageluid

la mascarilla
gezichtsmasker

la enfermedad
ziekte

la sala de espera
wachtkamer

la muleta
kruk

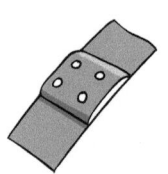

la tirita
pleister

la venda
verband

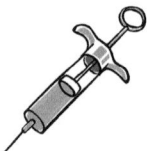

la inyección
injectie

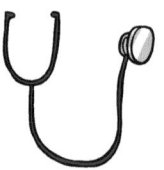

el estetoscopio
stethoscoop

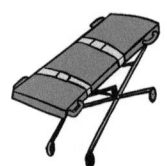

la camilla
brancard

el termómetro
thermometer

el nacimiento
geboorte

el sobrepeso
overgewicht

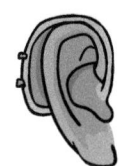

el audífono

hoorapparaat

el desinfectante

ontsmettingsmiddel

la infección

infectie

el virus

virus

VIH / SIDA

HIV / AIDS

la medicina

medicijn

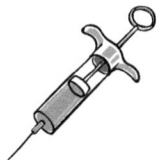

la vacunación

vaccinatie

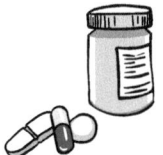

las tabletas

tabletten

la pastilla

pil

la llamada de urgencia

noodoproep

el tensiómetro

bloeddrukmeter

enfermo / sano

ziek / gezond

¡Socorro!

Help!

la alarma

alarm

el asalto

overval

el ataque

aanval

el peligro

gevaar

la salida de emergencia

nooduitgang

¡Fuego!

Brand!

el extintor de incendios

brandblusser

el accidente

ongeval

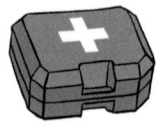

el botiquín de primeros auxilios

EHBO-kit

SOS

SOS

la policía

politie

Europa

Europa

Norteamérica

Noord-Amerika

Sudamérica

Zuid-Amerika

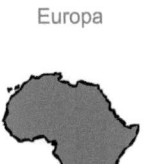

África

Afrika

Asia

Azië

Australia

Australië

el atlántico

Atlantische Oceaan

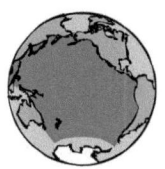

el Pacífico

Stille Oceaan

el Océano Índico

Indische Oceaan

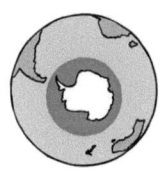

el Océano Antártico

Antarctische Oceaan

el Océano Ártico

Arctische Oceaan

el polo norte

Noordpool

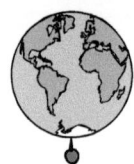

el polo sur

Zuidpool

La Antártida

Antarctica

la tierra

aarde

la tierra

land

el mar

zee

la isla

eiland

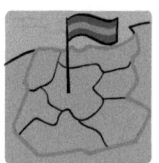

la nación

natie

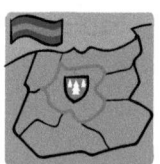

el estado

staat

la esfera

wijzerplaat

la manecilla de las horas

uurwijzer

el minutero

minuutwijzer

el segundero

secondewijzer

¿Qué hora es?

Hoe laat is het?

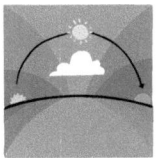

el día

dag

el tiempo

tijd

ahora

nu

el reloj digital

digitale horloge

el minuto

minuut

la hora

uur

la semana
week

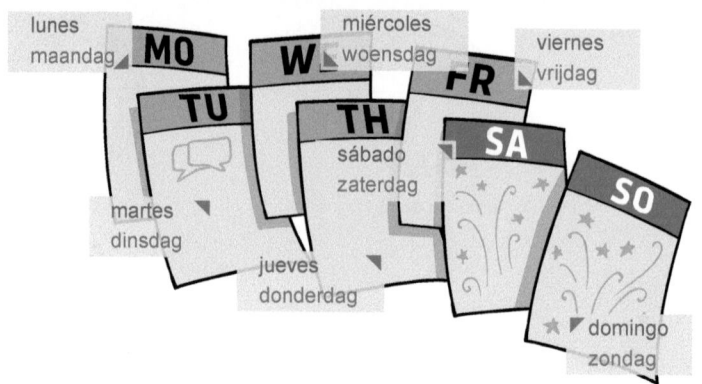

ayer

gisteren

hoy

vandaag

mañana

morgen

la mañana

ochtend

el mediodía

middag

la tarde

avond

los días laborables

werkdagen

el fin de semana

weekend

la lluvia
regen

el arcoíris
regenboog

la nieve
sneeuw

el viento
wind

la primavera
lente

el otoño
herfst

el verano
zomer

el invierno
winter

4.APRIL	11°	☀
5.APRIL	4°	☁
6.APRIL	13°	☁
7.APRIL	8°	☀
8.APRIL	10°	☀

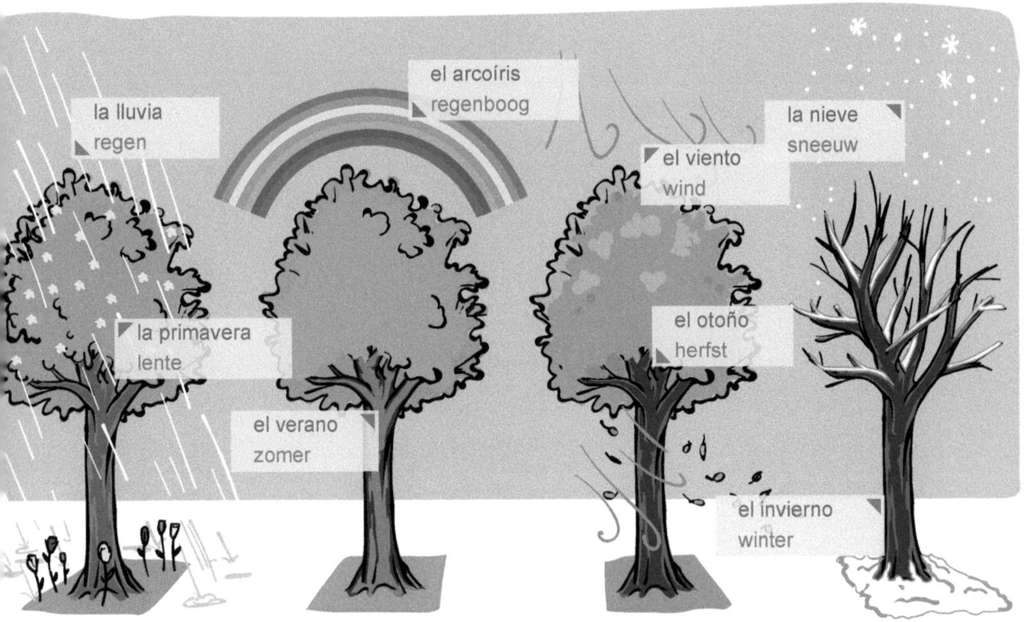

el pronóstico del tiempo

weervoorspelling

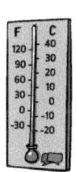

el termómetro

thermometer

el sol

zonneschijn

la nube

wolk

la niebla

mist

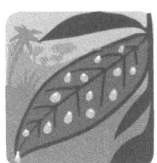

la humedad

vochtigheid

el rayo

bliksem

el trueno

donder

la tormenta

storm

el granizo

hagel

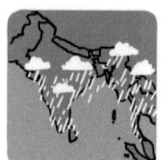

el monzón

moesson

la inundación

overstroming

el hielo

ijs

enero

januari

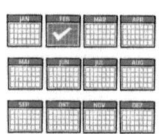

febrero

februari

marzo

maart

abril

april

mayo

mei

junio

juni

julio

juli

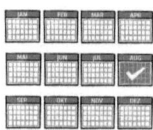

agosto

augustus

el año - jaar

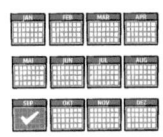

septiembre
....
september

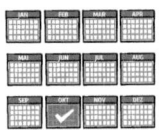

octubre
....
oktober

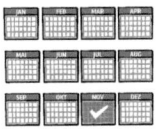

noviembre
....
november

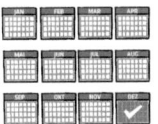

diciembre
....
december

las formas
vormen

el círculo
....
cirkel

el cuadrado
....
kwadraat

el rectángulo
....
rechthoek

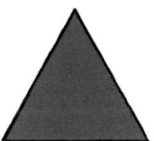

el triángulo
....
driehoek

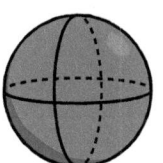

la esfera
....
bol

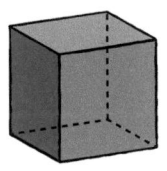

el cubo
....
kubus

colores
kleuren

blanco

wit

amarillo

geel

anaranjado

oranje

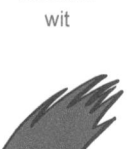

rosa

roze

rojo

rood

morado

paars

azul

blauw

verde

groen

marrón

bruin

gris

grijs

negro

zwart

mucho / poco

veel / weinig

enojado / tranquilo

boos / kalm

bonito / feo

mooi / lelijk

principio / fin

begin / einde

grande / pequeño

groot / klein

claro / oscuro

licht / donker

el hermano / la hermana

broer / zus

limpio / sucio

proper / vuil

completo / incompleto

volledig / onvolledig

el día / la noche

dag / nacht

muerto / vivo

dood / levend

ancho / estrecho

breed / smal

comestible / no comestible

eetbaar / oneetbaar

malo / amable

kwaadaardig / vriendelijk

entusiasmado / aburrido

opgewonden / verveeld

gordo / delgado

dik / dun

primero / último

eerst / laatst

el amigo / el enemigo

vriend / vijand

lleno / vacío

vol / leeg

duro / blando

hard / zacht

pesado / ligero

zwaar / licht

el hambre / la sed

honger / dorst

enfermo / sano

ziek / gezond

ilegal / legal

illegaal / legaal

inteligente / tonto

intelligent / dom

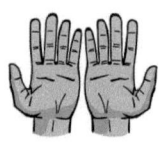

izquierda / derecha

links / rechts

cerca / lejos

dichtbij / veraf

nuevo / usado
nieuw / gebruikt

nada / algo
niets / iets

viejo / joven
oud / jong

encendido / apagado
aan / uit

abierto / cerrado
open / dicht

silencioso / ruidoso
stil / luid

rico / pobre
rijk / arm

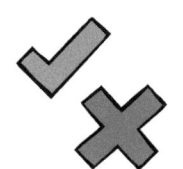

correcto / incorrecto
juist / fout

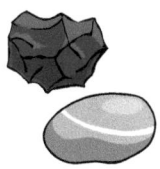

áspero / suave
ruw / glad

triste / contento
droevig / blij

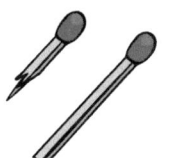

corto / largo
kort / lang

lento / rápido
traag / snel

húmedo / seco
nat / droog

cálido / frío
warm / koud

guerra / paz
oorlog / vrede

0

cero

nul

1

uno

één

2

dos

twee

3

tres

drie

4

cuatro

vier

5

cinco

vijf

6

seis

zes

7

siete

zeven

8

ocho

acht

9

nueve

negen

10

diez

tien

11

once

elf

12

doce
twaalf

13

trece
dertien

14

catorce
veertien

15

quince
vijftien

16

dieciséis
zestien

17

diecisiete
zeventien

18

dieciocho
achtien

19

diecinueve
negentien

20

veinte
twintig

100

cien
honderd

1.000

mil
duizend

1.000.000

el millón
miljoen

los números - cijfers

el inglés

Engels

el inglés americano

Amerikaans Engels

el chino madarín

Chinees (Mandarijn)

el hindi

Hindi

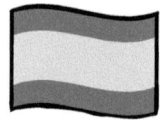

el español

Spaans

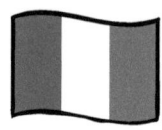

el francés

Frans

el árabe

Arabisch

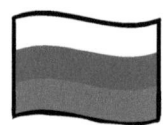

el ruso

Russisch

el portugués

Portugees

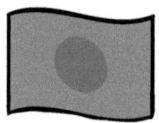

el bengalí

Bengali

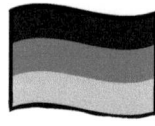

el alemán

Duits

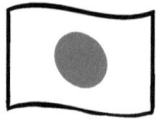

el japonés

Japans

yo
ik

tú
u

él / ella / ello
hij / zij / het

nosotros/as
wij

vosotros/as
u

ellos/as
ze

¿quién?
wie?

¿qué?
wat?

¿cómo?
hoe?

¿dónde?
waar?

¿cuándo?
wanneer?

el nombre
naam

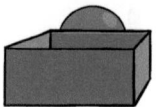

detrás

achter

en

in

delante de

voor

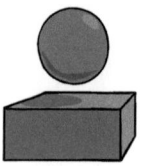

por encima de

boven

sobre

op

debajo de

onder

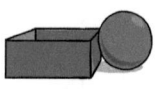

junto a

naast

entre

tussen

el lugar

plaats